저 혼자 붉어도

아무 말 없는데

저 혼자 붉어도
아무 말 없는데

손해영 시집

해암

시집을 내면서

많은 날을 망설이고 주춤거렸습니다.
전하고 싶었던 언어들을 안고
내일은 침묵하리라.
생각을 멀리 하리라.
다짐하고 약속해도 자신에게 지고야 마는 생활 속에 시간이
흘렀습니다.
이제 용기를 내어 어렵고 아팠던 순간들의 이야기를
시집으로 묶으며 부끄러움이 앞을 가리지만
나를 지탱하여 준 시어들한테 감사합니다.
격려해 주신 여러 분, 특히 용기를 주시고 평설을 하여 주신
박미정 문학박사님께 감사드립니다.
지인과 동료 문우님, 친구들과 제 글을 읽어 주시는 독자님께
고마움의 마음을 전합니나.
삼월 봄볕에 뿌리가 든든해진 나무는 찾아올 신록을 향해
희망을 기도합니다.
더 맑게 살다 아름다운 단풍을 만들 것을

2019년 기해년 3월에
시인 손 해 영

차례

2부

차례

3부

4부

차례

1부

못 다한 노래

시선 전환轉換

봄 햇살 속에
새싹들의 수다
왁자지껄 소곤거리고

담벼락 기댄 노란 개나리
가지를 쭉 뻗고
의기양양하다

진달래 나들이에
산 빛은 연둣빛
봄햇살 파릇한데

계곡을 빠져나온
실개천 물길은
강으로 바다로

가느라
가느라
돌아보지 않는다

짝사랑

흐느끼다
놀라
깬 잠
새벽달이 애처롭고

뿌리치는 그림자 따라
길을 내는 별빛에
바람마저 비켜가네

격랑의 시간은
허물없이 무너지고
어디 메 쯤
만나지려나

달빛 머금고
이어온 절개
아시라
아니하여도

세월 가고
서리 내려도
한 줄기
강물로 흐르리라

일탈

충동이다

도시의
사각지대 벗어나서
순결한 백합처럼
웃고 빛나며
향기롭게

사랑하는
사람들을 만나고 싶다

투명한 수정체의
마음을 굴리며

혹한의 가시에도
향기를 팔지 않는
매화를 심으리라

돌아와
새벽달을 그리며

억겁의 시간 속에
함묵하는
고산준령 바위를 품으리라

커피 열매

태양의
붉은 열매는
유혹이다

고혹적인 향기로

키스보다 달콤하고
술보다 부드럽게

행복을 선물하는
짙은 혀끝에

따끈하게 목젖을 데워주는
천상의 노래다

고독 향香 아련하게
그리움의 길에 오르고

작은 골목 모퉁이
수제 커피 간판에
묻어 있는 외로움

지워도
떠나보낸 것에서
묻어나는 슬픔

유혹이다

외로움을 맺고 핀
진한 그리움의 열매다

정 情

떠나는 발길
보내는 마음
바람마저 애달프니

버려도
무거운
인생길이라
잊으라고 하지 마오

무심히 떨어지는
동백꽃처럼

지나가는
바람이라
말하지는 마오

멀어지는
거리만큼
깊어가는 정

멀리서
바라보는 일일 뿐
그리워하는 마음엔
이별은 없으니

사랑하는 사람아
그대는
내 삶 속에 피어나는 정情

그리움 향기라 하여도
쓴 웃음 짓지 마오

아침풍경

겨울 새 한 마리의 이야기에
나목의 가지들이
귀를 쫑긋쫑긋 세우는 아침

폴짝
푸르르
재빠르게 이쪽저쪽 바쁘게
해풍 섞인 날개짓을 뽐내고 재잘재잘

시린 가지 끝에
두 발바닥으로 전하는 온기
플러스 입담에

길고 긴 어둠 속에 섰던 진저리
알기라도 하는 듯이

먼저 나붓대며 귀염부리는
작은 새 지저거림
겨울도 이제 포근해 지려나

어지러운 세상사에
움츠려진 자라목이 길게 기지개켜는
포근한 아침이다

외출에서

종점입니다

이를 어쩌나
깜빡 잠들었던
창
해거름에 어둑해지고

빈 좌석만 나에게로 모여
아리송한 눈동자를 데굴데굴

다른 별에서
돌아온 어느 날

봄비 내리는 날

가끔 목젖을 따끈하게
데우고 싶은 날이 있다

으스스
떨리는 옷깃을 올리고
겨울 난로 앞에 앉은 것처럼
그렇게 마시고 싶은 날이 있다

물 끓는 소리에
울컥 울컥 쏟아지는 것은
그리움이 아니다
외로움이 아니다

봄 안개처럼
아니, 소녀처럼
아니, 한가한 여인처럼

그렇게 피어나고 싶은
봄비 내리는 날이다

못다 한 노래

긴 세월
비바람 스쳐가듯
꽃 같은 젊음도
눈 녹듯 지나가고

순간에 만나
영원을 다짐하고
정겨운 그림으로
가슴속에 담았는데

그래도
못다 한
노래 있어
홀로 부르는

수면 위에 노니는 새
긴 모가지의 슬픔은
바람이 불어 시리고
바깥 꽃에 따가워

서러움은 무엇인가
서녘의 꽃은
저 혼자 붉어도
아무 말 없는데

호수의 안과 밖이 무슨 소용 있으랴
부르리라
부르리라
그대 노래 부르리라

석양에

하얀 들국화
진한 향기 애잔하고
갈 숲에 서성이는
바람소리 서러운데

가로수 은행잎
내년을 기약하고

엷은 구름
먼 하늘은
가야 할 귀향인가

그리움에 시린 가슴
허공에 맴돌고
기다림에 지친 눈물
유성 되어 흐르는데

바람 속의 여정을 한 점 버림 없이

등 짐으로
걸었다

홍시 그림자

감나무 가지 끝에
풍경이 듯 예쁜

홍시 한 개

땡그랑
땡그랑

허기를 채워주고
떠나는 달빛은 곱기만 한데

나뭇가지 빈자리에
휑하여 이는 바람

홍시 그림자
하나 붉다

편지

삭아서
낡아버린 그리움 한 장
먹물을 다시 들여
고이 말려 적었더니
이목구비 뚜렷하여
천년만년 품어 살리라

너에게

자면서
너에게 전화 했다

고달픈 하루
종일
네 생각으로 보냈다고

꿈속에서
너에게 고백했다

바람 부는 세상
끝까지
흔들리지 않는 나무로 살겠다고

먼 데서 네가
엷은 미소로 내납했다

수묵화

붓 들어
건넌 자리

단아한 잎새
안식의 만남이여

수줍은 꽃망울
첫사랑 설렘으로

은은한 향기
평화의 기도 품어

생명의 함성 터지는
환희의 꽃송이에
인고의 눈물 스친다

별 같은 꽃잎마다
지나온 이야기와
여름날의 열정 숨쉬고

화선지 위의 수행자는
성찰의 묵념 속으로

저 혼자
붉어도
아무 말 없는데

2부

강가에서

그리움 1

밤하늘에 빛나는 별
닿을 수 없어

새벽이슬 내릴 때까지
마음의 연서 띄운다

그대 그리움으로
사는 오늘

사랑은 그렇게 깊어가고
별 읽는 소리로 떠나는 밤

그리움은
그리움은

고운 단풍을 짓는
시가 그립다

그리움 2

빈 언덕
바람의 길에 얹어 둔 세월

그리운 노래로 사는
꽃

어머니
당신의 노래입니다

향기는
나의 살갗에 점 하나에도
티 하나에도

인고의 세월을 이겨내라는
당신의 응원입니다

향기로 사랑으로
먼 저쪽 나라에서 살펴 보내는

그리움 3

빛난 화가의
흔적 일까

유월하늘 아카시아 향기 속
떠오르는 얼굴

무슨 뜻 있어
부름 받았을까

무엇을 알아
서둘러 떠났을까

훌쩍 떠난 발걸음
그림자만 바라볼 뿐

너는 무엇을 알았다고
울고 있는 것인가

가파른 계단의 세월 속
허기진 갈증은 목말라 더 서럽고

저어대는 날갯짓
어린 새처럼 가엾다

그리움 4

친구야. 첫 눈이 내린다. 무작정 뛰어나와 눈밭을 뒹굴던 우리를 강아지야 부르던 어른들의 목소리가 가슴에 묻혔다가 흩날리면서 눈 위에 눈물을 찍는다. 오늘은 설핏 보였다가 사라질 기세다. 그런데도 나는 지나가는 눈바람을 놓치지 않으려고 안간힘을 쓰다가 고열 속에 앓기를 반복하고, 그리움의 뿌리는 눈이 녹아도 녹지 않으니 복사꽃 물드는 고향 마을에 가서야 나으려는지 너의 목소리가 왕왕 귓바퀴를 울린다.

봄바람

버들개지 눈뜨는
실개천의 물소리랑
꽃망울 여린 미소
기다림도 길었어라

노총각 타는 가슴
봄바람에 물들며
사랑의 싹이 트여
새색시 맞을라나

앞 뒤 동산
둘러가는
아지랑이 느린 춤에
애타는 마음이야
누르고 눌러서

움트는 가지 건드려 놓고

움 트면 손사래 치는
무심한 세월을
한 번 두 번 탓 했을까

강가에서

생명의 소리 어우러지고
자연의 하모니가 있는
그곳에 서면
일상의 먼지와 욕심은 멀어지고
자유로운 감성의 영혼은 날갯짓 한다

작은 나룻배로 만났으나
하염없는 그리움으로 돌아 간
보고픈 얼굴을 가슴에서 꺼내어
질곡의 삶을 견디게 해 준 것에
감사하는 마음은 푸른 청춘이다

강가에 서면
그립다 말할 수 있다

가슴을 잔잔히 흔드는
물결을 따라
돛을 올리고
서정의 노를 저으며
추억을 향해 떠날 수 있다

까마귀

검은 수의壽衣를 입고
목메인 울음

넘어갈 듯 숨 가쁘게
새벽 숲을 휘저으니

세월 속에 묻어 둔 서러움
홀로 헹굼질 하는 구나

검게 탄 가슴
힘든 것을 어이 하리

키 큰 나무 가지를 내 주며
간절하게 위로해도

돌아오지 않는 날
모두가 검은 상처

허공 속을 맴돌며
울어 헤매다

달빛 기도

하얀 쟁반
햅쌀 송편
폭염 견딘 고운 달

손끝 무디게
햇살을 다듬은
농부의 결실이다

달빛처럼
곱게
아무나 빚을까

한가위
보름달도
작은 달이 피웠으니

소망은
기도 속에
저절로 이루리라

돌담

하늘을 이고 선
넉넉한 어깨

담쟁이 넝쿨에
미련 없이 내어 주어

봄 햇살
애무는
푸른 옷을 짓고

임 향한
그리움

능소화에 비할까

빗줄기 속에
피워 낸
주홍 빛 일편단심

달빛에 부르다

사랑이
머물렀던 자리
고운 열매
그대 향해 섰습니다

겨울이면
한 자루 촛불로
길 밝히고
그대로 부터
격려와
축복의 눈이 내립니다

가난하고
외로운 모습에 사랑했고
원망과 그리움의 시간 속에
잊겠다는 다짐도 거짓되고

흔적 남긴 세간을 보며
그대 함께 깨고
잠자리에 듭니다

수고 했다 그 한 마디
선물 받을 날 소망하며
시 속으로 젖는 이 밤
달빛이 은은하여
그대 노래 부릅니다

새해의 기도

새해엔
태양같이 밝고
따뜻한 세상
꿈꾸게 하시고

나라엔
평화와 안녕 허락하시어
하나 되게 하소서

이기심을 버리고
사랑 · 용서 · 배려의 삶
살아가게 하시고
날마다
영혼을 새롭게 하소서

가난하고
움츠린 사람들이
넉넉하고 복되게 하소서

작은 가슴마다
촛불 하나 켜고
기도하는 삶으로 살아가게 하소서

새해에는
하얀 눈처럼 맑고
아름다운 영혼으로 사랑하게 하시고

하염없는 빛줄기 내려 주소서

눈물

하얀 마음으로
흘러내리는
응결

슬픔과 고통
위로하는
순수한 보석

먼
엄광산 산빛 따라 내려오는
참회록의 혼魂

낙화

눈물어린 달빛
한지寒地 사이로 내리는 밤

푸른 밤송이 한 톨
툭
떨어진다

마을에선
개짖는 소리 들린다

오일장

엄마 따라간 시골 장터에는 서커스 공연에 눈이 호강하고, 약장수의 궤변에 똥마려운 것도 사라졌다. 봄은 부끄러움도 없이 시장에 나와 앉았고 흥정하는 사람은 얼굴이 붉그락 푸르락 봄 향기 치고는 강했다. 모퉁이 담벼락의 우리 속에 동물농장은 아이들의 눈요기, 아이들에게는 국수 한 그릇보다 국화빵 하나가 더 인기 있었지. 엄마는 허리끈을 불끈 메고 보따리마다 짐, 나는 더 촐랑거리며 앞으로 뒤로 뛰어다녔지. 엄마가 시장에 나설 때마다 오일장이 열렸다고 일기장에 썼지.

꿈

너를 만났다

반갑고 기뻐서
얼싸 안고 울었다

너무 놀라
눈을 떴다

얼굴에
눈물로 남은 흔적

마르는 것
서럽다

저 혼자 붉어도 아무 말 없는데

3부

한가위의 소리

당신

떠남의 뒤에
오랜 시간 지나고

자식의
아침
저녁 문안 인사
귀에 들어 와

살았을 적
그 때처럼

흐르는 눈물 아니오니
가슴 에려 마소서
부디
염려 마소서

이별 뒤에

떨어져
누운 꽃잎

안식 넘어
지나온 이야기에
옷깃을 여민다

염천의 폭염과
비바람 속
인고의 시간 영글어

하늘 아래 빛나던 꽃

대지의 목소리
귀에 담아

거름으로 돌아가는
결별의 아름다운
뒷모습이여

한가위의 소리

한가위 다가오면

밤송이
한 톨마다

저마다 다른 생
빛남이 다르고

성묘길 나서면

환청으로 들리는
마른 기침소리

그 소리
그리워라

보고픔은 산을 넘고
세월 건너

뛰어오는 휘영청 환한
어린 시절 명절에는
보름달도 밝았어라

가족

나의 절망을
네가 알 수 없으나
마주치는 눈빛에
흩어져 사라지는 고통을 보았다

하늘 아래
으뜸이라
아름답고 값진 선물
귀히 하니 보배더라

네가 존재함으로
내가 있는 것을

행여
너의 고뇌 벅차거든

서로의 가슴으로
함께 이뤄 나가자

길을 걸으면

길 위에서
타인의 표정을 보면
내가 보인다

굳어진 나이를 부드럽게 풀고
친구에게
두드리는 폰

젊은 날
듣던
목소리가 경쾌하다

발걸음을 가볍게 토닥거리며
걷는 세월
활짝 펴지는 주름

호박

꽃 필 때
그대의 무관심이
관심이었네

속으로만
태운
고孤

영글어
두리 뭉실해지면
똬리 위에 앉혀놓겠지

봄꽃

등불 켠
벚꽃나무 아래
꽃샘바람 불어

아지랑이 손짓에
먼 하늘
새 돌아온 날

백목련 눈부신 자태
수줍은 듯
봄을 갖춘

연분홍 진달래 자리
매화
한 올의 매혹

봄 향기로
불어오는
바람 한 자락

가을비

저 홀로
피는 코스모스
그리운 빗속에 잠겨

가는 허리 흔들며
붉게 희게 노랑으로
바라기 하듯
세상 물정 모르고
앞만 본다

커피 한 잔 나누고 싶은 벗
없는 길 내어
내 앞에 다가 왔으니

어디에라도 흔적 보여주고
지등처럼 반짝이는 빗물

창가에 마주친 가을비
지난여름
폭염을 생각하는지

힘차게 혹은 가늘게
훈장 하나 달고
내 사랑을 보여주듯
길을 열고 앉았다

가을에는

산사에서 울리는 풍경소리에 숙연해집니다.
뜰에 내리는 햇살 한 조금 볼을 스치는 소슬바람이 소중합니다.
몇 번의 산을 넘고 강을 건너며 길목에서 만난 고운 인연에 고개 숙입니다.
주고도 늘 아파하시던 그리운 어머니, 코스모스 꽃 속에서 웃고 계십니다.
보고픈 얼굴, 액자 속에 계셔도 뵙고 나니, 살 맛 나는 추석 연휴입니다.
내게 남아 있는 귀한 시간 들꽃처럼 낮아지고 무상의 별빛에 귀 기울이며 작은 것이 주는 소중한 이야기를 전하리라 기도합니다.

벚꽃의 봄

봄빛이 자아 만든
햇살 아치
터널 꽃

아지랑이의 군무가
이처럼
고울까

하얀 꽃빛
가지마다
총총히 꽂은 머리 핀

푸르다 못해
푸르다 못해
꽃비 속에 푸른 별

눈부시게 하얀
벚꽃의
푸른 노래

진달래

절절한 연모에 애태운 심장

잎보다 먼저 터진 그리움의 선혈

긴 동한冬寒

깊어진 연정 온 산 불 질렀다

보릿고개 넘을 적에 쑥 바구니 던져 놓고

입술 붉도록 배불려 주던 꽃

벌 나비 분분한 바람의 봄날에 다시 피니

동무 얼굴 그립다

가면무도회

화려한 조명 속
눈만 빠끔하다

살아 있는 얼굴을 감추고
핏기 없는 화장

허상을 환호하는
무도회는 타인뿐이다

나도
타인이다

손의 촉감으로
손을 놓지 못하는 것은

너도 나도
진실을 못 본 것

가면에서 빠져 나와 굴러다니는
눈

빠져 나온
눈알들이 굴러다니는 가면무도회

노을

생각을 멀리하면
잊을까

울컥한
그리움에

길고
헐한 저녁이

옛날처럼
늙어가고

네가 가고
꽃이 진다

의미

뜰에 핀
백송이 꽃
짧은 순간 눈부셔도

한 송이의
마음에 핀 꽃
한 생애
향기롭다

아버님 전상서

만추의 가을비
가슴 적셔드니
당신의 온기가
그리운 날입니다

여중 3학년
어린 딸 남겨 두고
늦가을 바람 차가운 밤에
떠나신 먼 길

해마다 겨울이면
고뿔을 달고 살아
따뜻한 당신의 품속에서
잠이 들곤 했습니다

당신의 기침소리로
열린 아침
저녁이면 사 오신 군것질거리로
해가 지고 밤이 오는 줄 알았습니다

혹한과
눈보라도
당신 앞에 무디었고 폭풍도
당신 날개 아래에서는 두렵지 않았습니다

세상에 한 가지 소원 있다면
단 하루만이라도
당신과 함께 하는 시간
허락받는 것입니다

아버지
거기 그곳에서
잘 계시지요
아름다운 뜰에서 안녕하시기를 빕니다

저 혼자 붉어도 아무 말 없는데

4부

벚꽃 아래서

12월의 달력 속에

서른한 개 붙어 있어
벽이 야윈
12월의 시작에

제야의 종소리는 찾아오는데
그보다 먼저 달려
종 치는 이 마음

애지중지 살아도
모자랄 날
제대로 살찌워도 모자랄 날

해는 바쁘게 서둘러지는데
나이는 문설주를 기대며
또 먹어야 하나
기다려야 하나

부처님 오신 날

고통과 번뇌의 세상
햇살같은 광명주시고

모래알보다
작은 마음이지만
솟아나는 샘물로
사랑하게 하소서

좌절 속에서도
한 줄기
비상하는 희망 주시어

부처님의 혜안으로
살게 하소서

돌아서는 인연
원망보다
발자국마다
평화와 안녕

기도하는 사람이 되게 하소서

하심下心
하심下心으로
용서하고 배려하는 마음
나누게 하시어

부처님의 자비 가이없음을
받들게 하소서

벚꽃 아래서

바람 부산한 날

선녀 옷자락
따스한 햇살 속에
하르르 웃는 얼굴
강둑따라 가득하고

은은한 꽃향기

세상의 향기 되라
무언의 가르침으로

그리움 남기고
먼 길 떠난 사랑

벚꽃 밟으며 오네

길

살아낸
시간의 꽃으로

너희
걷는 길의 향기가 되길

그러나
홀로는 아니 되니

백년해로하기를
소원하여 기도하니

집안의 웃음꽃
바깥의 향기로 귀감 되기를

외할머니

어머니 손잡고
외갓집 갈 적에
부푼 마음은
토끼발로 뛰었지

외할머니 손길에 지붕 끝에 닿았을까
하얀 박꽃은
초가지붕 위에서
조롱조롱 켰었지

무릎 베고 누우면
별무리 쏟아져
옛날이야기는
자장가가 되었는지

눈뜨면
팔베개로 웃으시던
외할머니
밥내를 내셨지

꿈속에
그대로
살아있는 그리움
허전함을 달래는 보고픔이지

추석

지난 사계四季의 비바람을
오로지 살펴주신
높고 푸른 빛
조상의 음덕이었네

땀 흘린 결실의
황금 들녘 앞에 두고
첫 새벽의 단꿈은 깨었어도 달콤하고

차례 상에 올릴 상
다듬으시던 고운 손
이웃 먼저 걱정되어 나눔도 많으셨지

추석은 돌아왔으나
먼 하늘에 계시니
뵙기도 안타까워

만월은 무슨 복 지어
우리 엄마 얼굴을
가슴에 넣어 올까

시향詩香

시를 쓰면
마음 밭에
꽃이 피고

시 읽는
오후에는

꽃 진 자리마다
고운 열매 영글고

따서
담아 둘 곳
첫 시집 갈피 속에

비 내리는 태종대

오래된 추억 데리고
산책 나선다
언제 보아도 정겨운 길
나누비열차는 한가하게
빗속에 누웠다

산등성이
울창한 숲 사이
푸른 바다와 기암괴석
자연의 경관 앞에
숙연해지는데

신라 태조무열왕의
기백을 듣듯
호탕한 웃음소리 예까지 울린다

삶에 지친 영혼
사랑으로 보듬는
모자상의 자태는 변함없고

해운대 백운포
오륙도를 보고 선
웅장한 등대
환상적인 절경이 다가온다

왜구에 끌려간 지아비
기다리다 지쳐 암석이 된
망부석 한 자락
겨울비에 젖어 섰고

수려한 비경 속
신선이 머물러 아이를 낳았다는
신선대의 웅자

전설을 주워 담자
묘박지에 졸고 선 선박들 속으로
봉래산 바람이 머문다

매화

꽃샘추위 속에
봄 전령사 매화

해맑은 모습
말 못할 사연 안고
북풍 한절 지켰다

속삭이는 봄 햇살에

흰 눈꽃으로 내리고
향긋한 꽃내음
고향 마당 실어온다

사군자 중 으뜸이요

꽃망울 틔우는 고운 소리에
한 밤을 지새우고

시절 인연 기다리는지
남쪽에서 봄소식
시작 되었다

생일상

가득히
가족 마음 담겨 있고

미역국 끓이는
손
어머니의 간절한 기도

아득한 세상
사랑받기 위해 태어난
소중한 아이야
너를 잉태한 날 밤
하늘 높이 불기둥 솟고

하늘을 빛내는
별
축복의 노래가 있었다

샘물 같은 영혼으로
지혜의 열매 맺고
사랑하는 자
사랑 받으며 살기를
소망한다

문학기행에서

설렘을 안고
거쳐
그냥 지나면 안 될
김달진 선생 생가에서
그의 생애를 읽고

박경리 문학관을 찾아
빛바랜 사진과
나비장과 나란히 있는
재봉틀소리에 귀를 기울인다.

거인의 삶에서
찾는
일상

시가
노래이고
삶이 소설인 것을 추모하고

잔잔한 한려수도의 물결은
토지의 바람을 일으키는
섬섬옥수가 되었을까 궁금한

생각의 발길은
청마로 향하여
모교 교정에서 뵙던 모습
추억을 반추한다

파도야
나는 어쩌란 말이냐

입춘

문턱 넘는
봄 기다리자

움트는 보리이삭
건드려 놓고

언제나 그러하듯
고요를 풀어

희망의 날개
내 곁에 머물고

온 누리에
가득
봄 햇살로 채우소서

처서

태풍 지난 자리
풍요의 선율
번져 나가고

지난해 겨울
비켜 선 하늘
맑고 높이
자리 찾아오네

폭염 견뎌낸
길목마다
성숙의 결실 여물고

이불 속 파고드는
새벽바람에
가마솥더위도
자리를 내어주네

추억 여행

진달래꽃 화려한 동산에
예닐곱 살 계집 아이 서 넛
흙으로 지은 밥에 풀잎 반찬에
소꿉놀이 상차림이 재미있었지

분홍빛 얼굴 작은 얼굴
식물원 숲 사이사이 숨겨 놓은 보물들
소풍날 축제이듯
찾느라
애태우다
땀방울 조롱조롱 예쁘기도 하였지

베레모에 세라복이 어울리던
중학생 소녀는
수정산 비탈길이 즐거웠던 등굣길

태산목 푸르른 교정은 늘 푸르고
등나무 아래 벤치는 우리를 기다렸지

갈래 머리 여고생은
소녀의 기도를 들으며
유치환 시집詩集에서 무지개 꿈을 찾았지

긴 머리 큰 키, 동안童顔이던 여선생
작은 도서관의 사서는 언니처럼 고와서
언뜻언뜻 보고 싶은 그리운 얼굴이네

저 혼자
붉어도
아무 말 없는데

5부

흑백사진

사랑

비 오는 날 눈 내리는 날
끓인 커피를
연거푸 마시는 것

진한 외로움 절절한 그리움
아픈 가슴
송곳으로 찌르는 것

영원히 기억하지 말자고
망각의 오작교 건너는 것

이승에서 풀지 못하는
오직 한 가지

불멸의 슬픔이란 것

흑백사진

오래된 서랍을 열었다
흙색 사진첩에
묻어나오는 시간들
젊음이 그대로 안겨 있다

아버지와
단발머리 계집아이를 비추는
햇살은
봄

별을 헤는 밤
여름
가운데 있었지

아버지의 팔베개는
땀 냄새도 좋았지

코스모스가 지면
토닥거리는
장작불을 지피고
밤새워 토닥이던
손

아버지
여러 해
그렇게 지나면서 저는 컸지요

후루룩
기억자리를 넓히고
흑백사진 속에 소녀는
당신의 사랑이 맞지요

목련꽃

하얀
날개짓에

4월이
눈부시다

간밤
내린 비는

깃 끝만
적시고서

가지마다
펴는 둥지

따라오는 아침은
비상하는 학의 자태

정월대보름

첫 새벽 우물가에 촛불 켜 놓고 어머니의 두 손은 비비대는 것을 끝낼 줄 몰랐다. 오곡밥 차린 둥근 밥상 위에 나물도 가지가지 동그란 작은 냄비를 비비대며 비벼댄 비빔밥은 모처럼 참기름 냄새가 진을 쳤다. 보름달을 먼저 돌리는 아이들을 따라 돌며 나도 환하게 웃던 그 날 아침에, 부름 깨고 또 깨며 심하게 부리던 이 하나 아프기도 했지. 이제는 전설이 되어 버린 정월대보름이야기를 나누던 친구는, 올해도 지난 해 정월대보름처럼 싱겁다나 어쨌다나.

다른 일상

한 순간
비바람으로
만신창이 된 오전
감쪽같이 사라지고

태풍 차바는
시리도록 푸른 햇살에
떠밀렸다

갑자기 소중해진 일상
태풍이 남긴
흔적이다

쓰러진 나뭇가지
일으키고

떨어져 뒹구는 꽃잎
빗자루로 쓸어 모아
무덤 만들고

살아남은 것에
허기를 느끼며
밥을 짓는다

등산로 새벽시장

이른 새벽
덜 깬 잠 내려놓고
아침 운동 나선 길목

시린 공기 속
등산로 새벽시장은
서성거리는 어둠을 가시고

밤 새워 달려온
비릿한 동해 바다
대구 명태 오징어를 자판에 뉘였다

갖가지 나물과 과일들은
밤인지 새벽인지 구별 없이
맑으니

아줌마의 앞치마에
때 묻은 주머니는
선한 인심에
헐렁거린다

흥정소리로
사람 사는 냄새 물씬물씬

구경하다 지나치는
발걸음도 민망하지 않은 곳에서
삶의 역동力動을 줍는다

산행에서

어쩌다가 하는 산행에서 숲길을 오른다

물소리는 바위 밑으로 숨어
들어 고요를 깨고
가만히 돌아 나와
계곡의
숨소리가 되고
산사의 풍경소리가 되어

스스럼없이 보고 싶게 하는
그 소리에
귀를 씻고
마음을 씻고

크고 작은 바위가
산릉을 따라 흐르고
가파른 고개에서 숨을 내쉰다

내림길에서
긴 숨을 들이 쉰다

내 손을 비워야 다른 손을 잡는다
거친 산행에 쉬었다 가라는
정화수로 위로하는 나즈막한 목소리여
달려온 골짜기 바람이 온 몸으로 안긴다

고드름

처마 끝에
기다란
눈송이 뿌리

날은 저물어
꽁꽁
더 얼어

그믐 밤
어두울 때
꿈의 별자리

가난은 서러워도
시린 별
안아 주네

마침표를 찍기까지

새벽운동에 습관처럼
발걸음은
작은 암자의 정적에 머문다

단정한 고요는
발가벗은 몸으로 파고들어
내면의 시간은 간절함으로

절망을 씻고
희망을 향하여
기다리지 않아도 찾아오는 여명처럼
기도로 밝힌다.

감당할 수 있을 만큼
은혜 주심에 감사드리며

마침표를 찍기까지
바램은
한결 같아 세속이라 용서 하소서

유월의 노래

가시를 지나 꽃피운
아카시아 진한 향기는
유월의
애절한 그리움이다

붉은 장미는
한 맺힌 울음 맺혀
가시를 가졌는가

사랑하는 부모 누이
가슴에 묻고
그리운 동무 눈에 담아

하늘이 갈라지고
땅이 통곡할 때
푸르른 녹음도 함께 눈 붉은

조국위해 산화하신
호국 영령이여

그대들이 거둔 대지에
눈부신 햇살이
구석구석 살아있다

그리워하던
이 땅의 뜨거운 가슴을
속에서
영면함에 숙연하다

행복

작은 꽃잎 하나
꽃밭이 향기롭고

작은 미소에
마음자리 꽃물 들이고

작은 손 내미는
향긋한 봄길

아름다운 음률
작은 것 하나에 피는
진한 행복이다

요양병원의 그림자

가느다란
햇살 향기에
눈부시게
웃음 짓던 시절
어디에 두고

미소도
꿈도 없는
눈동자 속에
잠겨 있는가

바람의 시간이
하얗게
저물어 가도
허공에 흔들리는 초점은
저문 것도 잊은 채

차라리
생의 그림자로 말하기에는
슬픔의 공허가 너무 깊다

저 혼자 붉어도 아무 말 없는데

평론

그리움이란 이름의 詩學

박미정 | 시인, 문학평론가

글쓰기는 문자언어의 활용이다. 문자언어는 음성언어에 비해 집약적이다. 말이 많이 있고 오랜 시간에 걸친 경험이 있는 특성을 활용하여 개인에 따라 생각과 느낌과 논리와 상상을 압축적으로 드러내 봄으로써 자아를 형성하는 힘을 가지게 된다. 이것이 작가의 뿌리라고 할 수 있다. 언어 즉 어휘가 풍성할수록 말의 씀씀이가 자유로울 수 있으며 우리의 사고와 감정과 의지를 형성하는 재료가 되어 성장을 촉진하여 의미 있는 무엇을 만들어 낸다. 그리움은 지나간 것에 대한 애정이다. 희로애락喜怒哀樂의 구분이 아니라 정체성이다. 김춘수의 「꽃」이라는 시를 보면 〈내가 그의 이름을 불러주기 전에/ 그는 다만/ 하나의 몸짓에 지나지 않았다.//내가 그의 이름을 불러주었을 때/ 그는 나에게로 와서/ 꽃이 되었다〉에서 이름을 한 행 한 행 불러주었을 때 비로소 꽃이 되는 것처럼 그리움을 불러준다는 것은 그 대상에 대한 중요성을 상기시켜 주는 것이다.

손해영의 시는 그리움을 간직하려는 것에 있으며, 시가 그 방법인 것을 터득했다고 할 수 있다. 〈밤하늘에 빛나는 별/ 닿을 수 없어// 새벽이슬 내릴 때까지/ 마음의 연서를 띄운다// 그대 그리움으로/ 사는 오늘// 사랑은 그렇게 깊어가고/ 별 읽는 소리로 떠나는 밤 여럿// 그리움은/ 그리움은// 고운 단풍을 짓는/ 시가 그립다〉(「그리움1」 전문)이다. 그리고 현실에서 해소하지 못하는 그리움은 꿈을 경유하여 비원을 지향한다. 살펴보면 〈흐느끼다/ 놀라/ 깬 잠/ 새벽달이 애처롭고〉(「짝사랑」 부분)에서, 자기의 처지를 인식하는 데서 그리움은 심화되어 토로의 공간을 마련한다. 시인은 이 공간을 〈강가에서〉라고 일컫는다.

생명의 소리 어우러지고
자연의 하모니가 있는
그곳에 서면
일상의 먼지와 욕심은 멀어지고
자유로운 감성의 영혼은 날갯짓한다

작은 나룻배로 만났으나
하염없는 그리움으로 돌아간
보고픈 얼굴을 가슴에서 꺼내어
질곡의 삶을 견디게 해 준 것에
감사하는 마음은 푸른 청춘이다

강가에 서면
그립다 말할 수 있다

가슴을 잔잔히 흔드는
물결을 따라
돛을 올리고
서정의 노를 저으며
추억을 향해 떠날 수 있다

– 「강가에서」 전문

이 시에는 첫 행에서 생명의 향상을 향유할 수 있다. 〈자연의 하모니〉라고 하여 영상 등 감각적인 분위기를 제공하며 그리움의 감정을 승화시켜 나가고 있다. 〈작은 나룻배로 만났으나/ 하염없는 그리움으로 돌아간〉의 감정은 비극적인 정서이지만 내면 심리를 위장하지 못하고 스스로 건강한 적응력을 나타낸다. 〈감사하는 마음은 푸른 청춘〉이라고 밝은 이미지로 자기 저력을 표출하며 더 나아가 〈강가에 서면/ 말할 수 있다〉라고 하여 구체화했다. 이것은 그리움으로 인해 방황의 면모를 보이기보다 그리움을 지켜 나가겠다는 신념을 노래한 것이라 볼 수 있다. 〈물결을 따라〉에서 보여주는 수동적인 모습은 극복의 과정이다. 곧이어 〈돛을 올리고〉의 능동적인 형상화는 "서정"의 힘이 뒷받침하고 있으므로 가능한 행동이다. 그렇다면 시인은 왜 그리움을 재생시키려 하는가? 그것은 생활에 위안과 용기가 되고 있기 때문이다. 〈하늘을 이고 선/ 넉넉한 어깨// 담쟁이 넝쿨에/ 미련 없이/ 내어 주어// 봄 햇살/ 애무는/ 푸른 옷을 짓고// 임 향한/ 그리움// 능소화에 비할까// 빗줄기 속에/ 피워 낸/ 주홍빛 일편단심〉(돌담 전문)에서 그리움의 의미가 더욱 명료해진다. 임을 잊지 못하는 마음은 그리움이며 그것은 화자의 삶을 지탱해 주는 상징성이라는 것을 의미한다. 임과 함께 현실에서의 실현 가능성이 없음은 체념을 보이는 것이 아니라 순응의식을 보임으로써 그리움을 극대화한다. 〈떠나는 발길/ 보내는 마음/ 바람마저 애달프니// 버려도/ 무거운/ 인생길이라/ 잊으라 하지 마오.〉(정情일부)를 통해 처절한 임의 현실 부재가 드러나 있을 뿐이다. 그러한 부재의 상황을 만들어 낸 설화에 비극적인 정서를 나타내는 "까마귀"를 통해 현실은 그렇지 않으나 운명이라는 것을 받아들인다. 〈검은 수의壽衣를 입고/ 목매인 울음/ 넘어갈 듯 숨 가쁘게/ 새벽 숲을 휘저으니/ 세월 속에 묻어 둔 서러움/ 홀로 헹굼질 하는 구나 〉(까마귀 일부)에서 악몽을 경험했다면 다음 시 「노을」은 삶의 이치와 체념을 통하여 임에 대한 그리움을 탄력 있게 발원하기 위해 자기를 버리는 것을 선택한다.

생각을 멀리하면
잊을까

울컥한
그리움에

길고
헐한 저녁이

옛날처럼
늙어가고

네가 가고
꽃이 진다

– 「노을」 전문

노을의 이미지가 잘 그려져 있다. 상실의 감정이 자리 잡고 있지만 역설을 시도하고 있음을 감지한다. 〈네가 가고/ 꽃이 진다〉는 이중성의 성격을 가지고 있다. 즉 젊음과 그리움이다. 어느 하나를 선택한다고 하더라도 세월의 흐름에 따라 깨우친 삶의 이치와 체념은 같이한다고 볼 수 있다. 결국 자아를 회복하게 된다. 〈충동이다// 도시의/ 사각지대 벗어나서/ 순결한 백합처럼/ 웃고 빛나며/ 향기롭게// 사랑하는/ 사람들을 만나고 싶다// 투명한 수정체의/ 마음을 굴리며// 혹한의 가시에도/ 향기를 팔지 않는/ 매화를 심으리라// 돌아와/ 새벽달을 그리며// 억겁의 시간 속에/ 함묵하는/ 고산준령의 바위를 품으리라〉(일탈 전문)라는 구절이 말하듯이 일탈은 그리움을 배제했다는

점이 보이지 않는다. 오히려 노력의 결정結晶으로서 그리움의 형상화가 농익어 기질을 마음껏 발휘하고 있다. 시의 긴장미와 함께 지독한 그리움은 손해영 시인의 시에서 느끼는 특징이다. 그런 예를 커피열매에서 만날 수 있다.

태양의
붉은 열매는
유혹이다

고혹적인 향기로

키스보다 달콤하고
술보다 부드럽게

행복을 선물하는
짙은 혀끝에
따끈하게 목젖을 데워주는
천상의 노래다

고독 향香 아련하게
그리움의 길에 오르고

작은 골목 모퉁이
수제 커피 간판에
묻어있는 외로움

지워도
떠나보낸 것에서
묻어나는 슬픔

유혹이다

외로움을 맺고 핀
진한 그리움의 열매다

－「커피 열매」 전문

「커피열매」는 그리움을 감지하고자 하는 마음을 위한 또 하나의 간접적인 방법으로 커피열매를 활용하고 있다. 평정심을 흔들리게 하는 〈붉은 열매는/ 유혹이다〉에서 다음 행위를 독자는 불안하게 따라간다. 2연에서부터 5연에 이르기까지 화자의 진정한 자아는 무엇일지 궁금하다. 그러나 조금만 달리 보면 〈고혹적인 향기〉를 통해 유혹을 배제하고 그리움을 구제한다. 직접적인 방법보다 돌아가기를 선택한 화자의 그리움은 자기 상처를 줄이고 자기 아픔을 최소화한다. 〈자면서/ 너에게/ 전화했다// 고달픈 하루/ 종일/ 네 생각으로/ 보냈다고// 꿈속에서/ 너에게/ 고백했다// 바람 부는 세상/ 끝까지/ 흔들리지 않는 나무로 살겠다고// 먼 데서 네가/ 엷은 미소로 대답했다〉(너에게 전문)에서 볼 수 있듯이 화자의 그리움은 어떤 요소와도 관계가 형성되어 상실감 대신 안정과 기쁨을 누리게 한다. 극적인 영화는 인간이 처해 있는 조건의 진실이 무엇인지 전달해야 하는 것처럼 〈너에게〉는 화자의 순수한 자아를 보여주는 것이라고 할 수 있겠다. 이러한 시인의 의식은 카타르시스로 작용한다. 못다 한 노래를 통해 살펴보자.

긴 세월
비바람 스쳐가듯
꽃 같은 젊음도
눈 녹듯 지나가고

순간에 만나
영원을 다짐하고
정겨운 그림으로
가슴속에 담았는데

그래도
못다 한
노래 있어
홀로 부르는

수면 위에 노니는 새
긴 모가지의 슬픔은
바람이 불어도 시리고
바깥 꽃에 따가워

서러움은 무엇인가
서녘의 꽃은
저 혼자 붉어도
아무 말 없는데

호수의 안팎이 무슨 소용 있으랴
부르리라
부르리라
그대 노래 부르리라

—「못다 한 노래」 전문

〈정겨운 그림으로/ 가슴속에 담았는데〉라고 하여 일편단심을 드러내는 여인의 삶을 직설적으로 표현하였지만 무화無化된 진공상태로 있을 수는 없는 것이다. 그리하여 〈그래도/ 못다 한/ 노래 있어/ 홀로 부르는〉것으로 토로한다. 이처럼 〈못다 한〉은 〈노래〉로 환치되는 카타르시스라고 할 수 있다. 즉 〈바깥 꽃에 따가워〉에서 느낄 수 있듯이 타인의 시선은 나 혼자만의 노래를 부르기 시작하는 계기를 마련해 주었다고 할 수 있겠다. 하지만 시적 화자는 〈서러움은 무엇인가〉라고 하며 의문을 제시하며, 삶을 경청하는 자세를 보이다가 〈호수의 안과 밖이 무슨 소용 있으랴〉라는 참담한 모습을 다시 한 번 돌이키는 것은 시인의 비평적인 안목을 가미한 것으로 보여진다. 내적으로 그리움의 목마름을 조감하고 〈부르리라/ 부르리라〉라는 결구의 반복은 카타르시스를 향하는 표현으로써 자기 정화의 의미를 갖는다. 이와 같이 정화된 마음은 〈그대 노래 부르리라〉라고 하여 시의 생명력을 보다 심화시키는 효과를 거두고 카타르시스를 의미화 할 수 있다.

다음 시 「시선 전환轉換」의 미적 인식은 시인의 그리움의 나르시시즘narcissism을 빠져나오는 정신세계를 표상하고 있다.

봄 햇살 속에
새싹들의 수다
왁자지껄 소곤거리고

담벼락 기댄 노란 개나리
가지를 쭉 뻗고
의기양양하다

진달래 나들이에
산 빛은 연둣빛
봄햇살 파릇한데

계곡을 빠져나온
실개천 물길은
강으로 바다로

가느라
가느라
돌아보지 않는다

– 「시선 전환轉換」 전문

「시선 전환轉換」은 제목부터 강한 함축성이 있다. 생명의 동적인 이미지가 전 연을 생동하게 한다. 의식적이든 무의식적이든 바꾸고자 하는 의지가 시를 대하는 접근 방법을 시도하는 것이라 볼 수 있다. 그러나 결구에서 보이는 〈가느라/ 가느라/ 돌아보지 않는다〉의 파장은 끊임없이 새로운 완성을 위해 시도하려는 시인의 시작 태도라고 할 수 있겠다.

손해영의 그리움은 보편적 정서의 형상화가 아니다. 잊어버림을 할 수 없는 그리움을 승화시켰다. 인간 본연의 비애를 삶의 뿌리로 삼고 발원해 내는 것은 시인의 순수한 정신의 발로라 보아진다. 문제는 그리움이란 이름의 다양성 개진이다. 시인에게 그리움의 조건이 너무 가혹했던 탓일까. 하지만 세계를 다시 한 번 환기시키고 긴장을 와해하면서 보다 높은 긴장을 그리움 속으로 나타내는 시적 지평을 열 것을 믿으며 다음 시를 감상해 본다.

하얀 쟁반
햅쌀 송편
폭염 견딘 고운 달

손끝 무디게
다듬은
농부의 결실이다

달빛처럼
곱게
아무나 빚을까

한가위
보름달도
작은 달이 피웠으니

소망은
기도 속에
저절로 이루리라

–「달빛 기도」 전문

저 혼자 붉어도
아무 말 없는데

인쇄일 2019년 03월 18일
발행일 2019년 03월 21일

지은이 손해영
펴낸이 박철수
펴낸곳 도서출판 해암

등록번호 제325-2001-000007호
주소 부산시 중구 백산길 17 삼성빌딩 702호
전화 051)254-2260
팩스 051)246-1895
메일 haeambook@daum.net

ISBN 978-89-6649-164-3 03810

값 13,000원

*이 도서의 국립중앙도서관 출판예정도서목록(CIP)은 서지정보유통지원시스템 홈페이지 (http://seoji.nl.go.kr)와 국가자료공동목록시스템(http://www.nl.go.kr/kolisnet)에서 이용하실 수 있습니다. (CIP제어번호 : CIP2019008824)